AF494257

LOIS
MUNICIPALES ET ÉCONOMIQUES
DE LANGUEDOC,

OU

RECUEIL DES ORDONNANCES, DÉCLARATIONS, Lettres-Patentes, Arrêts du Conseil, du Parlement de Toulouse & de la Cour des Aides de Montpellier; Actes, Titres & Mémoires concernant la constitution politique de cette Province, son administration municipale & économique, ses privilèges & usages particuliers, relativement à ses impositions; ses ouvrages publics, son agriculture, son commerce, ses manufactures, ses lois civiles, &c. &c.

Mens omnibus una est. *VIRGIL.*

A PARIS,

Chez DIDOT jeune, Imprimeur des ETATS DE LANGUEDOC, quai des Augustins.

A MONTPELLIER,

Chez RIGAUD & PONS, Libraires, rue de l'Aiguillerie.

M. DCC. LXXX.

AVEC APPROBATION, ET PRIVILEGE DU ROI.

Ut in fidibus, ac tibiis, atque cantu ipſo & vocibus, concentus eſt quidam tenendus ex diſtinctis ſonis; iſque concentus ex diſſimillimarum vocum moderatione concors tamen efficitur & congruens: ſic, ex ſummis, & infimis, & mediis interjectis ordinibus, ut ſonis, moderatâ ratione civitas conſenſu diſſimillimorum concinit: & quæ harmonia à muſicis dicitur in cantu, ea eſt in civitate concordia, arctiſſimum atque optimum omni in republicâ vinculum incolumitatis; quæ ſine juſtitiâ nullo pacto eſſe poteſt. *CICER. de Repub. II. apud AUGUSTIN. de Civit. Dei, lib. II. cap. 21.*

INTRODUCTION. (*a*).

CONTENANT le plan de l'Ouvrage, précédé de quelques réflexions ſur l'ordre ſocial, le Gouvernement Monarchique, les adminiſtrations Provinciales, & les principaux avantages que le Languedoc retire de ſa conſtitution politique.

LA ſociété eſt l'état naturel de l'homme, ſi, par *état naturel de l'homme*, on entend l'état le plus conforme à ſa nature, le plus propre au développement, à l'exercice, & à la perfection de ſes facultés naturelles.

Quelques Philoſophes ont déclamé contre la ſociété. Ils ont prétendu que l'ordre ſocial ne vient point de la nature; & ils lui ont attribué tous les maux dont l'humanité gémit. D'autres, en reconnoiſſant le vœu de la nature dans l'inſtitution des ſociétés, ont ſoutenu que l'égalité extrême pouvoit ſeule les rendre ſolides & heureuſes. D'autres enfin n'ont vu dans la ſociété que des chaînes impoſées par la force à la foibleſſe; & ils ont dit aux foibles : Votre ſort eſt de ſouffrir, & rien ne peut adoucir vos maux.

(*a*) Cette Introduction eſt à la tête du premier volume qui a déja paru.

Ces diverſes manières de philoſopher ne ſont point conſolantes. Si l'ordre ſocial contrarie la loi de la nature, la ſociété n'eſt donc qu'une révolte continuelle contre les décrets éternels de la Providence. Si l'égalité extrême peut ſeule faire le bonheur des ſociétés, il faut donc renoncer aux inſtitutions ſociales qui n'ont d'autre cauſe que l'inégalité, & qui feroient inutiles entre des êtres parfaitement égaux. Et ſi la ſociété n'a pas d'autre fondement que la violence; ſi la force d'une part, & la terreur de l'autre, en ſont les ſeuls liens; ce n'eſt plus qu'un brigandage qui n'a beſoin, pour ſe maintenir, que de glaives & de bourreaux; & l'humanité n'a pas de plus cruelle ennemie.

Quel dommage que les plus grands talens n'aient ſervi qu'à enfanter des ſyſtêmes ſi déſeſpérans ! Hommes vertueux & ſenſibles ! vous avez vu des abus dans nos inſtitutions : vous avez été frappés de l'imperfection & de l'inſuffiſance de quelques lois ſociales : le cri des malheureux qui en étoient les victimes a retenti au fond de vos cœurs; & vous vous êtes écriés vous-mêmes : Non, la nature bienfaiſante n'a point deſtiné l'homme à vivre dans un état où il peut ſe voir ainſi dégradé....... L'égalité abſolue peut ſeule prévenir les ſuites funeſtes de l'extrême inégalité........ Vivre dans l'abjection & la douleur, telle eſt la deſtinée inévitable de la plus grande portion du genre humain.

Mais quel ſervice n'auriez-vous pas rendu à vos ſemblables, ſi, au lieu de les atterrer par le déſeſpoir, vous leur aviez présenté la perspective consolante d'une situation plus heureuse, dans le tableau des progrès de l'esprit humain, & dans l'influence sensible de l'accroissement des lumières sur la félicité publique; si vous leur aviez dit : « La nature vous » a formés pour la société; elle a mis dans vos cœurs » la commisération & la bienfaisance, qui seroient » des sentimens inutiles pour l'homme isolé. Elle » vous a doués d'un principe d'intelligence qui » ne peut se développer & se perfectionner que » par la communication de la pensée. Elle a ou- » vert entre vous cette communication par le » don de la parole, qu'elle a refusée à tous les » autres animaux. Elle a gravé au fond de vos ames » cette loi fondamentale de la sociabilité : *Fais en-* » *vers ton frère comme tu voudrois qu'il fît envers* » *toi.* Elle a placé le remords à côté de cette loi, » pour venger son infraction & vous rappeler à vos » devoirs. Jetez les yeux sur cette variété immense » de productions qu'elle a prodiguées sur la surface » & dans les entrailles de la terre : l'industrie & le » commerce peuvent seuls les approprier à vos » usages, & en étendre la jouissance; & il n'y au- » roit ni industrie ni commerce, s'il n'y avoit point » de société.

» Mais si la vie sociale est une institution de la » Providence, les formes constitutives des sociétés » particulières sont d'institution humaine, & doi- » vent se ressentir de la foiblesse de leurs instituteurs. » Diverses révolutions ont d'ailleurs corrompu ou

» altéré leurs principes originels ; mais ces principes
» n'en sont pas moins invariables ni moins faciles à
» saisir. Gardez-vous donc de succomber à l'abat-
» tement ou au désespoir. Voyez la liberté civile
» rompre peu à peu les chaînes que l'ignorance ou
» la barbarie lui avoient forgées ; la législation s'éle-
» vant au dessus des préjugés, & consolant l'huma-
» nité par la voix de la raison ; & les Gouvernemens
» s'occupant à l'envi, & avec une sorte d'émulation,
» de la grande affaire du bonheur public. Mais en
» reprenant le courage & l'espérance, défiez-vous
» des illusions de la liberté & de l'égalité. La liberté
» de l'homme social consiste dans la soumission aux
» lois de la société dans laquelle la Providence l'a
» placé, & dans un respect inaltérable pour les pro-
» priétés physiques, civiles & morales de ses frères :
» elle consiste, *non à faire ce que l'on veut*, mais *à*
» *pouvoir faire ce que l'on doit vouloir, & à n'être*
» *point contraint de faire ce que l'on ne doit pas*
» *vouloir* (*a*). Si l'inégalité excessive produit de
» grands maux dans la société, de bonnes lois peu-
» vent y remédier ; mais, si l'égalité absolue pou-
» voit subsister entre des êtres qui n'ont pas reçu de
» la nature la même mesure de forces & d'intelli-
» gence, il n'y auroit entre eux aucune société : ce
» sont les besoins mutuels qui unissent les hommes ;
» & il ne sauroit y avoir de besoins mutuels entre
» des hommes absolument égaux. La première, la

plus douce & la

(*a*) Esprit des Lois, liv. XI, chap. 3.

» plus naturelle des sociétés, celle du mariage, est » fondée sur l'inégalité; *tu dominaberis illius.* »

L'homme étant né pour la société, ne peut-on pas regarder comme un temps absolument perdu celui qu'on emploie à la connoissance de l'homme placé dans l'état de pure nature? Comment concevoir en effet que, *pour bien juger de notre état présent*, il soit *nécessaire d'avoir des notions justes d'un état qui n'a peut-être point existé, & qui probablement n'existera jamais* (a)? Comment supposer que l'homme s'est trouvé d'abord placé dans un état pour lequel il n'avoit pas été fait? qu'il a trompé le vœu de la nature au moment même où il est sorti de ses mains? Et quel avantage ces vaines spéculations peuvent-elles procurer à des êtres sociables, réunis en société?

C'est aux vrais Philosophes, c'est-à-dire, à ceux qui n'estiment les lumières, qu'à raison du bien qu'elles peuvent faire aux hommes, à leur découvrir les vrais principes de la société; à leur faire remarquer en quoi leurs sociétés particulières s'en rapprochent ou s'en éloignent; à leur indiquer les remèdes, en leur montrant les abus. Leurs leçons, toujours dictées par la sagesse & par l'humanité, ne seront ni âpres ni injurieuses. Ce n'est point en disant aux hommes qu'ils sont méchans, qu'on parviendra à les rendre bons. On n'élèvera point leurs

---

(*a*) Préf. du Discours sur l'origine & les fondemens de l'inégalité parmi les hommes.

ames à force d'humiliations ; & la satire ne leur inspirera pas l'esprit de modération & de justice.

Notre dessein n'est point de nous engager dans la comparaison des différentes formes de Gouvernement, ni de rechercher en quoi ils favorisent plus ou moins le vœu primitif de la société. Il nous suffit de penser qu'il n'en est point qui ne puisse faire le bonheur des hommes, & que celui sous lequel nous vivons est singulièrement propre à remplir cet objet. Cette dernière idée mérite par son importance que nous nous y arrêtions quelques instans ; & nous croirons avoir bien mérité de nos concitoyens, si nous leur donnons de nouveaux sujets d'aimer les lois de leur patrie, l'administration qui les leur a conservées, & le Gouvernement qui les protège & leur donne la sanction.

C'est peut-être dans le système de l'univers qu'on trouve le modèle le plus parfait & le plus frappant du vrai système social. Là, c'est du point central que partent ces torrens de feu & de lumière qui pénètrent, fécondent & éclairent tous les corps qui l'environnent. C'est dans ce point que réside une force d'attraction qui retient dans leurs orbites ces grandes masses qui tendent perpétuellement à s'en éloigner par une force d'impulsion propre à chacune d'elles ; & c'est de la combinaison de ces deux forces contraires, que naît cette régularité admirable de mouvemens, cet ordre, cette harmonie, qui nous élèvent si naturellement à la connoissance d'un premier moteur.

Dans la société, l'intérêt particulier, les passions, tendent perpétuellement à éloigner chaque individu de l'intérêt commun & général ; & s'il n'y avoit une puissance qui l'y ramène sans cesse, & le force à se contenir dans la ligne du devoir, l'harmonie sociale seroit bientôt rompue, & la société dissoute. Mais en perdant le droit de faire tout ce qu'il veut, le citoyen conserve la liberté de faire tout ce qu'il doit vouloir ; & il doit vouloir tout ce qui lui est utile, tout ce qu'il peut lui être avantageux d'obtenir, sans blesser l'intérêt social. Ainsi, dans le systême social, comme dans le systême de l'univers, l'ordre & l'équilibre naissent des efforts combinés de deux puissances contraires, qui agissant sans cesse l'une sur l'autre, & se balançant toujours sans jamais s'anéantir, tracent, pour ainsi dire, à chaque partie du corps social la sphère de son activité, assignent les rangs, fixent les distances, & font sortir le repos & la paix du sein même du mouvement & de l'opposition.

Cette puissance, qui balance l'effort des intérêts particuliers & les plie à l'intérêt social, c'est le Gouvernement. Ses moyens sont, l'intérêt particulier même, la vertu, l'honneur, la crainte. Son organe, c'est la loi, qui n'est autre chose que la raison munie de la force : non la raison de chaque individu, que les passions égarent & obscurcissent, que les préjugés offusquent, que tous ne cultivent pas également ; mais la raison publique, la règle des raisons particulières, la raison de ceux qui n'en ont point.

C'eſt du Gouvernement, comme du ſoleil, que partent la lumière & la chaleur qui éclairent & vivifient toutes les parties de la ſociété : aucune ne doit pouvoir ſe dérober à ſon inſpection, & ſon influence doit s'étendre à toutes. Il eſt l'appui du foible, le frein du puiſſant, le modérateur de tous, le promoteur & le garant de la félicité publique.

Nous l'avons déja dit, il n'eſt point d'inſtitution ſociale qui puiſſe prétendre à la perfection, parce qu'il n'en eſt point qui ne ſoit l'ouvrage des hommes, & qui ne ſe maintienne par des moyens purement humains : mais le Gouvernement monarchique nous paroît le plus près d'atteindre au but de la ſociété, par cette heureuſe combinaiſon de forces qui doit y entretenir la paix & le mouvement. L'unité morale, jointe à l'unité phyſique, y concentre dans un ſeul homme tous les intérêts de la ſociété. Heureux du bonheur de tous, malheureux de leurs malheurs, ſon intérêt perſonnel n'eſt autre que l'intérêt général ; & l'homme s'évanouit pour faire place au Monarque. Là, le pouvoir tempéré par les loix & par l'opinion, n'a point à craindre d'être arrêté par le pouvoir ; le Prince y trouve dans lui-même une force ſuffiſante pour vaincre toutes les réſiſtances, & réprimer les écarts de tout intérêt particulier. Il eſt le centre & la ſource de toute puiſſance politique & civile. Rien ne peut s'y ſouſtraire à ſon autorité ; & les corps établis pour en étendre l'influence, ne la reçoivent de lui qu'à titre de dépôt, & ne l'exercent qu'en ſon nom & à ſa décharge. Son élévation rapproche les distances, sans confondre les rangs & les distinctions, & réalise ainsi la vraie égalité civile, la seule qui puisse & qui doive subsister dans l'état social, celle qui naît d'une égale sujétion aux lois, & d'un droit égal à leur protection.

Les abus qu'on peut craindre dans le Gouvernement monarchique, sont peut-être encore plus à craindre dans les autres espèces de Gouvernement; & on ne trouve dans ceux-ci ni les mêmes ressources, ni les mêmes avantages. Chacun peut faire cette comparaison, & sentir ces différences. Nous nous contenterons d'observer que ce n'est guères que dans le Gouvernement d'un seul, qu'on peut réunir le secret dans les délibérations, avec la promptitude dans l'exécution; que l'esprit de patriotisme n'y est pas plus étranger que dans les Gouvernemens populaires, & qu'il y produit souvent d'aussi grandes choses, avec moins de prétentions à la célébrité; qu'avec autant d'énergie, le patriotisme y a plus de douceur & plus d'égards pour les droits de l'humanité; que la puissance législative s'y trouvant armée de la puissance exécutrice, de bonnes lois doivent toujours y produire leurs effets; d'où il suit qu'avec plus de moyens d'y conserver l'ordre, il y a plus de ressources pour le rétablir.

Nous ajouterons que si l'on veut faire une comparaison juste & impartiale entre le Gouvernement monarchique & les autres espèces de Gouvernement, il ne faut point mettre en parallèle une monarchie corrompue avec une république vertueuse, ni une monarchie où il y a des mœurs avec une république qui les a perdues. Il faut comparer l'ancienne monarchie d'Egypte, avec la république de Lacédémone sortant des mains de Lycurgue, & voir dans lequel de ces deux Etats on auroit mieux aimé de vivre : il faut comparer les Egyptiens sous les successeurs d'Alexandre, avec les Spartiates après la guerre du Peloponèse ; & nous ne doutons pas que le résultat de ces parallèles ne soit tout à l'avantage de l'Etat monarchique.

Quelques politiques modernes affectent de représenter la royauté sous un point de vue bien différent de l'idée qu'en avoient les anciens. Aristote & Cicéron comparent la Monarchie au Gouvernement paternel (*a*). Ils ne croyoient pas, comme on l'a avancé de nos jours, que le mot de *citoyen* n'eût aucun sens dans le Gouvernement d'un seul. Le terme de *citoyen*, dans son acception propre, ne signifie autre chose que l'homme civil, l'homme attaché à une société particulière, soumis aux lois de cette société, participant à tous ses avantages, & individuellement intéressé à sa conservation & à sa prospérité : & dans ce sens, les sujets d'une monarchie ne sont pas moins citoyens que les sujets d'une république.

(*a*) *Rex imperat civibus suis, ut parens liberis....... Sic Regum, sic Imperatorum, sic Magistratuum, sic patrum, sic populorum imperia civibus sociisque præsunt, ut corpori animus.*

Nous aimons à penser qu'il n'est point de François instruit qui préférât aucune autre espèce de Gouvernement connu, à celui sous lequel il a le bonheur de vivre. L'idée que les anciens avoient du Gouvernement monarchique, forme le caractère particulier & distinctif de la Monarchie Françoise. L'autorité y est vraiment paternelle, & l'amour filial en est le ressort le plus actif. Les règnes les plus malheureux en fourniroient des exemples remarquables ; & ce caractère particulier vient de prendre une nouvelle force, & de se développer dans toute son étendue sous le jeune Monarque dont la France s'enorgueillit, & qui *met* lui-même *sa principale gloire à commander un peuple libre & généreux* (a).

Tandis que les nations étonnées admirent dans un Roi de vingt-cinq ans, le pacificateur de quatre grands Empires, & le libérateur des mers asservies, notre sujet nous borne à le considérer au milieu de son peuple, s'occupant de son bonheur, l'invitant à s'en occuper lui-même, & formant dans cette vue des administrations provinciales, où ce peuple, l'objet de sa sollicitude, *puisse voir de plus en plus ses besoins prévenus, ses intérêts ménagés, ses plaintes discutées* (b).

Rien n'est plus touchant ni plus propre à donner une juste idée de la nature & des principes de la Monarchie Françoise, des avantages que peuvent

(a) Edit du mois d'août 1779.
(b) Arrêt du Conseil du 12 juillet 1778.

produire les administrations provinciales, de l'esprit qui doit y régner, & du but de leurs travaux, que le préambule de l'Arrêt du Conseil du 12 juillet 1778, qui forme cet établissement dans la province de Berri; & nous ne pouvons mieux remplir un des principaux objets de cette Introduction, qu'en le mettant ici sous les yeux de nos Lecteurs.

« Le Roi, au milieu des évènemens politiques les » plus dignes de son attention, ne perd point de vue » les grands objets d'administration intérieure qui » peuvent concourir au bonheur de ses sujets; & si » des dépenses extraordinaires, dont Sa Majesté ne » peut encore assigner le terme, ne permettent pas » de diminuer la somme des impositions, Elle desire » du moins préparer dès à présent tous les moyens » propres à en adoucir le fardeau, soit par les mo» difications raisonnables dont elles sont suscepti» bles, soit plus particulièrement encore par la » sagesse & l'égalité des répartitions. Sa Majesté a » remarqué le peu de progrès qu'on a fait à cet » égard depuis si long-temps; & son attention s'étant » fixée sur les avantages qui pouvoient résulter de » l'établissement d'administrations provinciales sage» ment constituées, Elle a vu avec satisfaction que » si les besoins de l'Etat écartoient pour un temps » plusieurs projets salutaires, il étoit au moins un » genre de bienfait envers ses peuples, auquel les » circonstances les plus difficiles n'apporteroient » aucun obstacle.

» La marche uniforme & suivie de ces adminis-

» trations provinciales, telles que Sa Majesté se pro-
» poseroient de les établir; leur attention plus sub-
» divisée, les diverses connoissances qu'elles pour-
» roient rassembler, & qui, en écartant l'arbitraire,
» assureroient davantage la justice des répartitions;
» la forme d'abonnement, qui, en fixant la somme
» demandée à chaque Généralité, rendroit tous les
» propriétaires intéressés à prévenir les abus & à fé-
» conder les ressources générales de la Province; la
» publicité des délibérations & l'honnête émulation
» qui en résulte; le maintien des principes éprouvés
» par l'expérience, & cette tendance vers la per-
» fection des établissemens plutôt que vers les chan-
» gemens & les nouveautés; tous ces moyens par-
» ticuliers à une administration locale, permanente
» & nombreuse, ont paru à Sa Majesté comme au-
» tant de secours offerts à ses intentions bienfai-
» santes.

» Elle a d'ailleurs observé que dans un si vaste
» Royaume, la diversité des sols, des caractères &
» des habitudes, devoit apporter des obstacles à
» l'exécution, & quelquefois même à l'utilité des
» meilleures lois d'imposition, lorsque ces lois
» étoient uniformes & générales; & dès-lors Sa Ma-
» jesté a dû penser que ce n'étoit peut-être qu'à
» l'aide du zèle éclairé d'administrations partielles,
» qu'Elle pourroit connoître plus particulièrement
» ce qui convenoit à chacune de ses Provinces, &
» parvenir ainsi par degrés, mais plus sûrement, aux
» améliorations générales dont Elle étoit occupée.

» Sa Majeſté n'a pu méconnoître qu'en rame-
» nant à un même centre tous les détails de l'admi-
» niſtration des finances, la diſproportion entre
» cette tâche immenſe, & la meſure du temps &
» des forces du Miniſtre honoré de ſa confiance,
» ou étendoit trop loin les autorités intermédiaires,
» ou ſoumettoit à des déciſions rapides des intérêts
» eſſentiels; tandis que ces mêmes intérêts, remis à
» l'examen d'adminiſtrations locales, ſagement com-
» poſées, ſeroient preſque toujours mieux connus
» & plus sûrement balancés : Sa Majeſté voulant
» d'ailleurs réſerver dans tous les temps à ſes Com-
» miſſaires départis, l'importante fonction d'éclairer
» le Conſeil ſur les projets & les délibérations de
» ces aſſemblées, il ſe trouvera que, dans cette nou-
» velle forme, la ſurveillance & l'exécution étant
» remiſes en des mains différentes, Sa Majeſté ſe
» procurera des garans multipliés du bonheur & de
» la confiance de ſes peuples.

» Portant même plus loin ſes vues bienfaiſantes,
» & réfléchiſſant ſur cette ſucceſſion de ſyſtêmes &
» d'opinions, à laquelle l'adminiſtration des finan-
» ces eſt expoſée, Sa Majeſté a penſé qu'un des
» plus grands bienfaits qu'elle pouvoit répandre ſur
» ſes peuples, c'étoit de former dans ſes provinces
» des adminiſtrations ſtables, qui ſe perfectionne-
» roient d'elles-mêmes, en profitant néceſſaire-
» ment, & des lumières générales, & des leçons
» de l'expérience.

» Enfin, Sa Majeſté a encore conſidéré avec ſa-

» tisfaction, qu'en attachant les principaux proprié» taires, par le sentiment de l'honneur & du devoir, » au succès de l'administration de leurs provinces, » c'étoit un moyen de les y fixer davantage, & de » faire servir au bien particulier de ces mêmes » provinces, le zèle & les connoissances des person» nes qui ont le plus d'intérêt à leur prospérité : &, » tandis que par ces administrations paternelles, le » peuple verroit de plus en plus ses besoins préve» nus, ses intérêts ménagés, ses plaintes discutées; » ces mêmes administrations, devenant les témoins » fidèles des sentimens justes & bienfaisans de Sa » Majesté, écarteroient cette défiance qui trouble » le repos des contribuables, & rapporteroient à Sa » Majesté ce tribut d'amour & de reconnoissance si » précieux à un Monarque qui attache sa gloire au » bonheur de ses peuples.

» Ce sont ces diverses considérations que Sa Ma» jesté se plaît à confier à ses fidèles sujets, qui ont » fixé son attention; mais, guidée par son esprit » de sagesse, & desirant d'être encore éclairée par » l'expérience, Sa Majesté a préféré de n'avancer » que par degrés vers le but qu'elle se propose, & » ce n'est que dans une Généralité qu'Elle a résolu » d'établir dès à présent une administration provin» ciale. Différens motifs l'ont décidée pour sa pro» vince de Berri : l'état de langueur où elle est de» puis si long-temps, avec des moyens naturels de » prospérité, annonce plus particulièrement le be» soin qu'elle auroit d'un ressort plus actif; & lors

» même qu'un nouvel ordre d'adminiſtration y » éprouveroit les difficultés attachées à tous les com» mencemens, la ſituation de cette province & la » perſpective du bien qu'on y peut faire, aideroient » à ſoutenir le courage & les eſpérances.

» Le Roi qui, dans cette inſtitution éloignée de » toute idée fiſcale, n'a que le bien de ſes ſujets en » vue, n'exigera que la même ſomme qui entre au» jourd'hui à ſon tréſor royal; de manière que tous » les avantages qu'une ſage économie, des établiſ» ſemens ſalutaires, ou une meilleure répartition » pourront procurer, tourneront en entier au ſou» lagement de la province.

» Sa Majeſté preſcrira dès à préſent les condi» tions eſſentielles de cette adminiſtration provin» ciale; mais Elle différera de ſtatuer ſur les arran» gemens ſubſidiaires, juſqu'à ce qu'Elle ait pu être » éclairée par l'opinion de la première aſſemblée. » Sa Majeſté ſe réſerve encore en tous les temps » de modifier & de perfectionner les Réglemens » qu'Elle auroit adoptés, & dans leſquels Elle aura » toujours ſoin de concilier l'ordre & le maintien » de ſon autorité, avec la confiance étendue qu'Elle » a deſſein d'accorder à cette adminiſtration. Ceux » qui ſeront appelés ſucceſſivement à la compoſer, » ſenſibles à ce témoignage de l'eſtime publique, y » répondront ſans doute de manière à mériter l'ap» probation de Sa Majeſté. Elle recommandera ſur» tout à leurs ſoins le ſort du peuple, & les intérêts » des contribuables les moins aiſés. C'eſt en revêtiſ-

ſant

» ſant cet eſprit de tutèle & de bienfaiſance, qu'ils » ſe montreront dignes de la confiance de Sa Ma- » jeſté; & Elle doit d'autant plus attendre de leur » zèle, qu'ils auront ſans doute préſent à l'eſprit, » qu'indépendamment du bien qu'ils pourront faire » à la province dont les intérêts leur ſeront particu- » lièrement confiés, c'eſt encore du ſuccès de leur » adminiſtration que naîtront de nouveaux motifs » pour étendre ces mêmes inſtitutions, & qu'ils » hâteront ainſi, par la ſageſſe de leurs délibérations » & de leur conduite, l'accompliſſement des vues » générales & bienfaiſantes de Sa Majeſté : & ſi ja- » mais, ce qu'Elle ne veut pas préſumer, les inté- » rêts particuliers, la diſcorde ou l'indifférence, ve- » noient prendre la place de cette union vers le » bien public, qui peut ſeule l'effectuer, Sa Majeſté, » en détruiſant ſon ouvrage, & en renonçant à re- » gret à ſes eſpérances, ne pourroit du moins jamais » ſe repentir d'avoir fait, dans ſon amour pour ſes » peuples, l'eſſai d'une adminiſtration qui forme » depuis ſi long-temps l'objet des vœux de ſes pro- » vinces, & dans laquelle Sa Majeſté eût deſiré » trouver de nouveaux moyens de concourir au » bonheur de ſes ſujets, & d'accroître encore la » proſpérité de ſon Royaume. A quoi voulant » pourvoir, &c. »

Des ſuccès rapides ont juſtifié & récompenſé la ſageſſe bienfaiſante qui a formé cette première inſtitution ; & dans moins d'un an, le Dauphiné, le Querci & le Rouergue, ont partagé avec le Berri les avantages d'une adminiſtration après laquelle elles ſoupiroient depuis long-temps.

Il parut, il y a quelques années, un mémoire intéreſſant ſur l'utilité des Etats provinciaux, dans lequel l'Auteur établit très-ſolidement que cette eſpèce de régime convient parfaitement à l'eſprit & aux principes de la Monarchie, & concilie très-bien les intérêts du Monarque avec ceux de ſes peuples (*a*). Charlemagne, qui voulut l'établir dans ſes Etats, en avoit ſans doute la même idée; & telle étoit auſſi la penſée de deux des plus grands Princes que l'auguſte maiſon de nos Rois ait produits (*b*).

Nous croyons donc pouvoir nous diſpenſer d'examiner ſous ce point de vue les avantages du Gouvernement municipal; d'autant plus que ce ſeroit peut-être donner occaſion à l'eſprit de paradoxe de remettre en queſtion ce que le Gouvernement vient de mettre ſi heureuſement en fait : & nous nous contenterons de quelques réflexions ſur les avantages particuliers dont le Languedoc eſt redevable aux Etats de cette province.

Un de ces principaux avantages eſt la conſervation

(*a*) L'adminiſtration populaire, ſous l'autorité du Souverain, ne diminue point la puiſſance publique : elle l'augmente même; & elle ſeroit la ſource du bonheur des peuples. *Conſidérations ſur le Gouvernement ancien & préſent de la France, par M. le M. d'A.*

(*b*) Monſeigneur le Duc de Bourgogne, père de Louis XV, & Monſeigneur le Dauphin, père du Roi.

de l'ufage du droit Romain qui, depuis plus de quinze fiècles, eft la loi territoriale du pays. La compilation de Juftinien, plus vafte & mieux ordonnée que celle de Théodofe, y a acquis, par la force des mœurs & de l'habitude, l'autorité que le Code Théodofien y avoit eue d'abord à raifon de l'Empire. Cette compilation a fans doute des défauts : on y trouve des contradictions, & quelquefois du défordre. Le Digefte, qui ne contient que des extraits ou des fragmens des ouvrages des Jurifconfultes Romains, préfente plutôt une collection de théorêmes & de differtations de Jurifprudence, qu'une fuite de lois conçues en termes directs & impératifs. Le doute y eft à côté de la décifion; mais c'eft le doute de la fcience, &, prefque toujours, la décifion de la raifon. Le Code eft formé en grande partie de réponfes faites par les Empereurs à des queftions qui leur étoient propofées par les Magiftrats & les Juges, & même par de fimples particuliers. On a reproché à ces refcrits l'incapacité de quelques-uns des Princes dont ils portent le nom, & le vague d'une décifion hypothétique, arrachée peut-être par un faux expofé. Mais on fait que les Empereurs ne répondoient guères aux confultations qui leur étoient faites, que de l'avis de leur confeil qui étoit compofé des plus célèbres Jurifconfultes; & comme le cas propofé eft prefque toujours énoncé, que la décifion eft prefque toujours fubordonnée à la vérité de l'expofé, *fi ut dicis, fi ut proponis*, & que très-fouvent elle eft accompagnée du principe qui l'a dictée, l'application n'en eſt pas auſſi difficile qu'on pourroit le penſer. On trouve dans le *Lexicon* de Suidas, & dans l'Hiſtoire ſecrette de Procope, des imputations plus graves contre les lois particulières de Juſtinien. Son chancelier Tribonien y eſt accuſé d'en avoir fait un commerce infâme. Mais il ſeroit peut-être injuſte de regarder ce reproche comme avéré d'après une compilation groſſie par des mains étrangères, & ſur la foi d'un Hiſtorien qui, après avoir prodigué à Juſtinien, dans ſa grande Hiſtoire, les éloges les plus outrés, ſemble avoir pris à tâche de le couvrir d'opprobres dans ſon Hiſtoire ſecrette. Quoi qu'il en ſoit, le Code de Juſtinien a ſans doute ſes imperfections, comme le Digeſte a les ſiennes. La compilation de cet Empereur eſt cependant au deſſus de ſa légiſlation : les lois qu'il ajouta à la ſeconde édition de ſon Code, & ſes conſtitutions qui portent le nom de *Novelles*, firent des changemens inutiles & même préjudiciables dans le ſyſtême des lois anciennes. Leur ſtyle, comme celui de toutes les lois du Bas-Empire, a plus d'enflure que de majeſté : la plupart de leurs préambules ont moins de dignité que de faſte : le légiſlateur paroît dans quelques-uns s'occuper trop de lui-même ; & on deſireroit ſouvent plus de conciſion & de clarté dans les diſpoſitions. Mais malgré tout cela, ce Recueil de Juriſprudence n'en eſt pas moins le monument le plus précieux de la ſageſſe humaine, le corps le plus complet de légiſlation civile, & le guide le plus ſavant & le plus sûr que les légiſlateurs puiſſent conſulter. C'eſt ainſi qu'en ont penſé les *Dumoulin*, les *Dagueſſeau*, les *Bouhier*, ces oracles de la Juriſprudence Françoiſe, dont le ſuffrage eſt d'autant plus impoſant, qu'il eſt moins ſuſpect de partialité.

L'attachement des peuples du Languedoc au droit Romain n'a donc rien qui doive ſurprendre : & ſi l'on conſidère qu'ils y trouvent l'origine & les fondemens de leur ſyſtême municipal; un des plus ſolides appuis de leur liberté territoriale, de ce franc-aleu dont ils ſont ſi juſtement jaloux; les principes fondamentaux & les maximes les plus eſſentielles de leur police, relativement à l'aſſiette & à la répartition de la taille ; on concevra quel prix ils doivent mettre aux ſoins que leurs Adminiſtrateurs ſe ſont donnés dans tous les temps pour le leur conſerver.

C'eſt à la ſageſſe de leur adminiſtration que ces peuples doivent encore la conſervation du privilège de délibérer librement ſur les ſubſides qui leur ſont demandés par le Roi, & de contribuer aux beſoins de l'Etat par des offrandes gratuites & volontaires. Ce privilège, qui eſt fondé ſur les chartes & les lois les plus formelles, doit leur être bien précieux, par les rapports immédiats qu'il établit entre eux & le ſouverain, & par la réciprocité de la confiance qui en eſt la baſe. Qu'on ſe repréſente un père traitant avec ſes enfans des moyens de ſubvenir à des beſoins communs, de pourvoir à leur ſûreté, & d'accroître la proſpérité & le luſtre de la famille; fixant avec eux la mesure de leur contribution, & la recevant de leurs mains comme un hommage libre de leur amour & de leur fidélité : tel est le spectacle que renouvelle chaque année l'assemblée des Etats de Languedoc. La sûreté & la facilité des recouvremens en sont une suite nécessaire : ce n'est pas un impôt que le contribuable paye, c'est un contrat qu'il exécute; & la nécessité des tributs est adoucie par la sainteté des conventions. Si l'impuissance arrête quelque part les effets de la bonne volonté, la solidité, ailleurs si odieuse, & qui dérive ici de la chose même, vient aussitôt à son secours, & garantit l'indigence des efforts d'une rigueur inutile.

La prospérité de l'agriculture & du commerce de Languedoc est aussi un des fruits de son administration. Les procès-verbaux des assemblées des Etats, déposent de la constance de leurs soins & de leur vigilance sur tout ce qui peut intéresser l'une & l'autre : &, si des communications multipliées ouvrent aux productions des débouchés sûrs & faciles; si des ouvrages de toute espèce, favorisant le cours des eaux, mettent les campagnes voisines à l'abri de leurs ravages; si des inventions utiles enrichissent & animent l'industrie; si le commerce & les manufactures secouent peu à peu le joug du préjugé, & se dégagent des entraves d'une police mal entendue; c'est à son administration que le Languedoc en est redevable; c'est à la persévérance de ses travaux, à l'unité de ses vues, au concours de ses lumières, à la patience de ses efforts, à la continuité de ses observations, à ſon attention aux leçons de l'expérience.

Mais ce qui eſt encore un plus grand bienfait, parce qu'il eſt la ſource & le garant de tous les autres, c'eſt la conſolidation & la perfection ſucceſſive de la conſtitution politique de cette province, & de ſon organiſation intérieure.

Le Languedoc, conſidéré comme pays d'Etats, eſt diviſé en trois grandes ſénéchauſſées, qui forment, par leur union, la grande municipalité, la municipalité provinciale. Ces trois ſénéchauſſées renferment vingt-quatre municipalités diocéſaines, qui ſont ſous-diviſées en autant de municipalités locales qu'il y a, dans leur arrondiſſement, de diſtricts particuliers formant chacun une communauté, un corps municipal.

La compoſition de chacune de ces municipalités graduelles, ſera expliquée dans la première partie de cette Collection; & l'on y a raſſemblé les pièces qui ont paru les plus propres à en faire connoître l'hiſtorique & les principes, depuis la réunion du Languedoc à la Couronne juſqu'à nos jours.

La municipalité provinciale a trois ſyndics généraux; & chaque diocèſe a ſon ſyndic particulier. Ceux-ci correſpondent pendant l'année avec le ſyndic général attaché à la ſénéchauſſée dans laquelle leur diocèſe eſt placé; & les adminiſtrateurs des communautés, ainſi que les moindres particuliers, peuvent, à leur choix, & ſuivant les circonſtances, adreſſer leurs conſultations ou leurs plaintes au ſyndic particulier du diocèse, ou au syndic général du département. Il est aisé de sentir les avantages qui doivent résulter de cette correspondance continuelle qui entretient la confiance, répand l'instruction, maintient la règle, découvre les abus, & déconcerte les entreprises. C'est au moyen de cette correspondance que l'administration générale se trouve chaque année en état de perfectionner les réglemens intérieurs, de garantir les privilèges du pays de toute atteinte, d'assurer le repos des citoyens, d'ouvrir l'accès du trône à la foiblesse opprimée, & d'obtenir au malheureux des secours & des consolations.

Le Languedoc est une grande famille unie dans la participation solidaire des mêmes charges & des mêmes avantages, & qui a par conséquent le plus grand intérêt à la prospérité de chacun de ses membres. Cette solidité établie par sa constitution, & par la forme de sa contribution aux besoins de l'Etat, forme de tous les intérêts particuliers un intérêt général, & rend les calamités particulières l'objet de la sollicitude commune. C'est de-là que dérive le droit dont jouissent les Etats, & les syndics généraux en leur nom, de surveiller la régie des diocèses & des communautés, de prendre leur fait & cause toutes les fois qu'ils le jugent nécessaire, & d'intervenir même dans les procès des particuliers, lorsque les privilèges du pays sont attaqués en leur personne, ou que l'intérêt des communautés, des diocèses, ou du général de la province l'exige. C'est à raiſon de cette ſolidité que les communautés & les diocèſes qui ſeroient hors d'état de ſupporter les dépenſes jugées néceſſaires pour la facilité des communications, pour la conſervation du terroir, pour la ſalubrité de l'air, ſont aſſurées de trouver dans l'adminiſtration générale des reſſources toujours préſentes, toujours proportionnées à leurs beſoins.

Tels ſont les principaux avantages que le Languedoc retire de ſa conſtitution politique. C'eſt-là ce qui la rend ſi chère à ſes habitans, & qui juſtifie les tranſports & l'eſpèce d'enthouſiaſme avec leſquels les peuples du Berri, du Dauphiné, du Querci & du Rouergue ont vu ſe former parmi eux des adminiſtrations provinciales (*a*).

Il ne nous reſte plus qu'à dire un mot ſur le but & le plan de cette collection des Lois municipales & économiques de Languedoc.

Cet ouvrage, entrepris d'abord par l'inſpiration de l'illuſtre prélat (*b*) qui préſide aux Etats de cette

(*a*) Voyez *le Procès-verbal des ſéances de l'aſſemblée provinciale de haute Guienne, tenue à Villefranche dans les mois de ſeptembre & d'octobre 1779*, qui ſe trouve chez Didot le jeune, &c. & la *Lettre de M***, Membre de l'adminiſtration de haute Guienne, à M*** A***, en Limouſin.*

(*a*) M. de Dillon, Archevêque & Primat de Narbonne, & en cette qualité Préſident-né des Etats. Son adminiſtration formera une époque mémorable dans les Annales du Languedoc. Le deſſéchement des marais; l'ouverture de pluſieurs canaux qui procurent de nouveaux débouchés à l'agriculture & au commerce, & qui établiront une com-

province, a été depuis approuvé par les Etats qui en ont ordonné la continuation & adopté le plan (a). Il doit renfermer toutes les lois, & tous les actes, titres & mémoires concernant la conſtitution politique du Languedoc, ſon adminiſtration municipale & économique, ſes privilèges & uſages particuliers, relativement à ſes impoſitions, ſes ouvrages publics, ſon agriculture, ſon commerce, ſes manufactures, ſes lois civiles, &c.

Il ſera diviſé en cinq parties qui ſeront précédées d'un livre préliminaire, où l'on diſtinguera deux chapitres qui contiendront, le premier, toutes les pièces qui ont rapport à l'étendue & aux limites du Languedoc, & le ſecond, les chartes générales des privilèges de cette province.

La diviſion organique du Languedoc ſera la matière de la première partie. On y raſſemblera les pièces relatives à la conſtitution politique de la municipalité provinciale, des municipalités diocéſaines

---

munication libre & sûre depuis Lyon juſqu'à Toulouſe; la multiplication des haras; la liberté des manufactures; les progrès rapides de l'induſtrie & des arts, y conſacreront ſon nom, & la reconnoiſſance des Peuples dont il a augmenté le bonheur.

Il en a reçu en dernier lieu des témoignages bien éclatans, dans tout le cours du voyage qu'il vient de faire dans les montagnes des Cévennes, du Gevaudan, du Velay & du Vivarais, pour s'y inſtruire par lui-même de l'état de ces différens pays, de leurs beſoins & de leurs reſſources.

(a) Délibération des Etats, du 5 janvier 1775.

& des municipalités locales; à l'ordre & à la forme de leurs aſſemblées reſpectives; à leurs fonctions, à leurs pouvoirs; aux règles qu'elles doivent ſuivre dans leurs dépenſes, leurs emprunts, leur libération, leurs ouvrages publics, &c.

La ſeconde partie traitera des impoſitions de la province, & de la forme en laquelle elle contribue aux beſoins de l'Etat.

On y trouvera 1°. les pièces concernant l'impoſition de la taille, ſa réalité, ſa répartition qui embraſſe tout ce qui eſt relatif à la formation, conſervation & renouvellement des tarifs, & cadaſtres ou compoix; ſa perception, & les devoirs des collecteurs, tant volontaires que forcés, & des receveurs des diocèſes; les réglemens concernant les biens abandonnés; & les lois de la nobilité des fonds, matière particulière au Languedoc, & dont le principe fondamental ſubſiſte dans cette province depuis la domination des Romains.

2°. La collection des pièces concernant l'impoſition de l'équivalent, impoſition municipale, propre au Languedoc, par ſa dénomination, ſa nature, ſon objet & ſon emploi.

3°. Les réglemens de la capitation, depuis l'établiſſement de cet impôt dans la province.

4°. Les pièces & inſtructions relatives à la fourniture de l'étape, & aux autres fournitures pour le ſervice des troupes.

5°. Les Ordonnances, Edits & Arrêts du Conſeil, qui modifient pour le Languedoc les Réglemens généraux des traites, gabelles, &c. avec les tarifs particuliers des droits d'entrée & de fortie qui s'y perçoivent.

Dans la troifième partie, on rapportera les pièces fur lefquelles font fondées les maximes particulières au Languedoc dans les matières domaniales, par rapport au franc-aleu noble & roturier, francs-fiefs, amortiffement & nouveaux acquêts, aubaine, lods des biens nobles & des échanges, don de retrait féodal, ifles, iflots, crémens, &c.

Les reffources du Languedoc, & les établiffemens obtenus ou formés par l'adminiftration pour feconder fes moyens naturels de profpérité, feront la matière de la quatrième partie.

On s'occupera d'abord de l'agriculture, comme de la première & de la plus inépuifable des reffources; & l'on y comprendra tout ce qui a rapport aux pâturages, aux défrichemens des communes, au defféchement des marais, aux établiffemens des haras, à la confervation des beftiaux, à l'exploitation des mines, &c.

L'induftrie fera l'objet d'un fecond chapitre, où l'on rapportera tous les Réglemens concernant les manufactures de la province, & les arts & métiers.

Le troifième chapitre traitera du commerce, & contiendra les pièces relatives aux établiffemens deftinés à le faciliter, protéger & encourager, tels que les Chambres de commerce & les Juridictions confulaires de Touloufe & de Montpellier; le port de Cette; les communications par eau & par terre;

les foires & marchés, &c.; à quoi l'on ajoutera ce qui concerne les péages.

Cette partie sera terminée par un chapitre consacré aux sciences & aux beaux-arts. On y trouvera tout ce qui concerne les Académies, Universités & Collèges de la province.

La cinquième & dernière partie, aura pour objet la police & la justice. Elle contiendra les Réglemens relatifs à l'exercice de la police dans les villes & communautés de la province, & les pièces qui fondent les privilèges de ses habitans par rapport à l'administration de la justice, tels que celui d'être régis par le droit écrit, celui de ne pouvoir être traduits devant les tribunaux étrangers, &c.; & l'on y joindra les monumens de l'établissement du Parlement de Toulouse, de la Cour des Comptes, Aides & Finances de Montpellier, & des deux Bureaux des Finances de la province, & les Réglemens qui fixent la compétence respective de ces cours & tribunaux.

L'Ouvrage sera terminé par une table raisonnée des matières, & par une table chronologique des pièces.

Il sera composé de treize ou quatorze volumes *in-quarto*, dont le premier a été présenté aux Etats de Languedoc pendant leur dernière assemblée (*a*).

(*a*) Du 21 décembre 1779.

Mgr. l'Archevêque de Narbonne, Président, a dit que les Etats ayant agréé l'année dernière la dédicace de l'Ouvrage du sieur A*** A. D. C. P. concernant les Lois muni-

Lé prix ſera pour les Souſcripteurs, de 10 livres par volume en feuilles, qu'ils ne paieront qu'en recevant le volume ; & de 14 liv. pour ceux qui n'auront pas ſouſcrit avant le 1er mai 1781, époque après laquelle la ſouſcription ſera irrévocablement fermée.

Les villes & lieux qui auront ſouſcrit en corps de communauté, recevront en outre, *gratis*, après l'impreſſion totale de l'Ouvrage, un volume contenant des formules de tous les actes relatifs à l'adminiſtration municipale, pourvu que le nombre de leurs ſouſcriptions ſoit ſuffiſant pour dédommager des frais de l'impreſſion de ce volume.

On ſouſcrira A PARIS, chez *DIDOT le jeune, Imprimeur des Etats généraux de Languedoc, quai des Auguſtins :* A MONTPELLIER, chez *RIGAUD & PONS, Libraires, rue de l'Aiguillerie ;* & dans le reſte du Royaume, chez tous les Libraires des villes principales.

---

cipales & économiques de Languedoc, ce dernier, pour ſatisfaire aux engagemens qu'il a pris, a l'honneur de préſenter à l'Aſſemblée le premier volume de cet Ouvrage.

Sur quoi, lecture faite de l'Epître dédicatoire adreſſée aux Etats par ledit ſieur A***, il a été unanimement délibéré qu'elle ſeroit dépoſée aux archives de cette Province, avec le premier volume dudit Ouvrage, afin de lui témoigner par-là combien l'Aſſemblée a été ſatisfaite d'un travail qui préſente des vues auſſi étendues & auſſi utiles. *Extrait du Procès-verbal de l'aſſemblée des Etats de Languedoc, tenue en 1779 & 1780.*

NOTICE HISTORIQUE

DU LIVRE PREMIER,

DIVISION I, PARTIE I.

De l'Origine des Etats Généraux de Languedoc.

On peut rapporter l'origine des Etats de Languedoc au régime municipal que César, & après lui, Auguste, favorisèrent & perfectionnèrent dans les Gaules & dans les autres provinces de l'Empire Romain.

« Lors de la conquête des Gaules, dit un savant » moderne, César avoit suivi le systême général de » la politique romaine. Il avoit conservé aux villes » leurs Lois, leurs Magistrats, leur administration : » il avoit sur-tout favorisé le gouvernement popu- » laire qui faisoit de toutes les cités autant de petites » républiques, dont l'ambition étoit d'imiter la ca- » pitale de l'Empire. Lorsqu'Auguste vint dans les » Gaules, il s'occupa de perfectionner cet ouvrage ; » il y fit le dénombrement des habitans, & non- » seulement il assura aux cités la municipalité dont » elles jouissoient, il voulut encore qu'elles eussent » entre elles une libre correspondance qui, les met- » tant à portée de se réunir pour l'intérêt général,

» donnât une patrie commune à tous leurs habitans. » Il tint même à Narbonne une aſſemblée générale, où vraiſemblablement aſſiſtèrent des députés d'un grand nombre de villes : (*Cùm ille conventum Narbonæ ageret, cenſus à tribus Galliis quas pater vicerat, actus.* Epit. Liv. ad lib. 134); » & depuis cette époque juſqu'à l'établiſſement » des monarchies qui ſe partagèrent cette vaſte » contrée, vous voyez toutes les cités ſe gouverner » comme autant de petits Etats ſoumis, mais libres; » élire leurs magiſtrats ; ſe choiſir les chefs de » leurs petites troupes ; délibérer non-ſeulement » ſur leur adminiſtration intérieure, mais ſur leurs » liaiſons au dehors; s'envoyer mutuellement des » députés ; s'écrire des lettres; & enfin s'aſſembler » dans des métropoles indiquées, pour y traiter, par » des repréſentans, les grands intérêts de la patrie. » Tel eſt le tableau du Gouvernement des Gaules, » qui nous eſt tracé par Tacite lui-même. Telle eſt » l'adminiſtration à laquelle Grégoire de Tours » nous rappelle ſans ceſſe, lorſqu'il nous inſtruit de » l'état où les barbares trouvèrent cette partie de » l'Empire Romain. » *Diſcours ſur l'Hiſtoire de France, dédiés au Roi, par M. Moreau, tome I. pag. 137.*

Tout ceci eſt confirmé par une foule d'Édits, de décrets & de reſcrits inſérés dans le Code Théodoſien, qui étoit la loi de la Gaule Narbonnoiſe, depuis la promulgation qui en avoit été faite en occident ſous l'Empire de Valentinien III.

Le

Le titre XII du livre 12 de ce Code, traite particulièrement des députés des provinces auprès de l'Empereur, & des demandes dont ils étoient chargés, *de legatis & de decretis legationum.*

On y voit que chaque province formoit tous les ans, dans une des Villes les plus considérables, une assemblée solemnelle composée des principaux Magistrats municipaux des Villes : là, on traitoit des affaires communes, & de tout ce qui avoit rapport aux intérêts publics & particuliers; on délibéroit sur tous les objets à la pluralité des suffrages; on y discutoit les sujets de plainte que les officiers de l'Empire avoient donnés aux habitans ; & l'on dressoit enfin le cahier des demandes qu'on avoit à faire à l'Empereur, auquel on envoyoit trois députés chargés des vœux de la province, & quelquefois de l' *or coronaire*, qui étoit une sorte de don gratuit que les provinces offroient aux Empereurs, lors de leur avènement à l'Empire.

Dans les temps heureux de ce régime, rien n'étoit plus libre que la composition & la présentation de ce cahier de demandes & de doléances. Il étoit formé dans le sein de l'assemblée, & sans qu'il fût permis au Recteur de la province, ni même au Préfet du Prétoire, d'y rien changer ou retrancher. Les députés étoient admis à l'audience de l'Empereur, & lui seul prononçoit sur les demandes dont ils étoient chargés de poursuivre le succès.

Cette liberté, souvent attaquée par les officiers du Prince, fut totalement anéantie sous le règne de

Théodose le jeune : les inſtructions des députés furent ſoumiſes à l'inſpection du Préfet du Prétoire, qui étoit le maître d'en retrancher ce qu'il jugeoit à propos, & qui devint l'arbitre ſuprême de l'utilité ou de l'inutilité des députations, ſous prétexte d'épargner des frais aux provinces, &, à l'Empereur, des audiences qu'il pouvoit mieux employer. Bientôt les Villes ſe lassèrent d'envoyer à des aſſemblées dont la dépenſe n'étoit rachetée par aucun avantage. Dès-lors les officiers de l'Empire, sûrs de l'impunité, ne mirent plus de bornes à leurs violences & à leurs concuſſions ; & les peuples livrés à la rapine & à l'oppreſſion, ſe détachèrent entièrement d'un Gouvernement, dont ils ne recevoient plus ni protection ni juſtice. Ce fut alors que les Barbares, qui n'avoient fait, juſques-là, que des incurſions paſſagères dans les Gaules, s'y formèrent des établiſſemens fixes ; les Goths vers les Pyrenées, les Bourguignons vers les Alpes, & bientôt après, les Francs en-deçà du Rhin. En vain Honorius eſſaya d'arrêter les progrès de la révolution, en regagnant l'affection des peuples ; en vain publia-t-il, en 418, une conſtitution pour rétablir l'uſage des aſſemblées annuelles des ſept provinces des Gaules : ce remède tardif ne put ſauver l'Empire, & lui-même ſe vit forcé de céder, la même année, une grande partie de ces ſept provinces aux Wiſigoths.

Avant la fin du cinquième ſiècle, tous les pays qui forment aujourd'hui le Languedoc, tombèrent ſous la domination des Wiſigoths ou des Bourguignons. Les premiers possédoient, ou en vertu des cessions qui leur avoient été faites par l'Empire, ou à titre de conquête, les diocèses de Carcassonne, Narbonne, Béziers, Lodève, Agde, Maguelonne & Nismes, l'Albigeois, le Velay, le Gevaudan & le pays d'Uzès : le Vivarais avoit été cédé aux Bourguignons par l'Empereur Anthème en 470. Ces Barbares respectèrent les lois & les usages qu'ils trouvèrent établis dans ces différens pays. Le Code Thédosien y conserva tout son empire sur les anciens habitans, & Alaric en fit un abrégé auquel il donna sa sanction.

Quand les Sarrazins, qui avoient chassé les Goths de leurs établissemens dans les Gaules, en eurent été chassés à leur tour par Charles Martel & Pépin, les peuples demandèrent & obtinrent la conservation de leurs lois ; & le droit romain y devint bientôt une loi réelle & territoriale, ainsi que le remarque M. le Président de Montesquieu, malgré l'usage de ces temps-là, où toutes les lois étoient personnelles. Charlemagne confirma en 788, par une constitution expresse, l'abrégé du Code Théodosien qui avoit été composé par ordre d'Alaric. Les Capitulaires achevèrent d'assurer à la loi romaine l'autorité qu'elle avoit déja dans les provinces méridionales ; & l'on peut voir dans le livre XXVIII de *l'Esprit des Lois*, comment le droit romain devint la loi dominante de ces pays, lors même que les lois barbares y étoient encore en usage.

Le Gouvernement municipal, dont le plan & les

règles font développées avec tant de détail dans le Code Théodofien, fut donc confervé dans ces provinces, puifque le Code Théodofien y conferva fon autorité; & l'on découvre en effet des traces des Magiftrats municipaux dans plufieurs endroits des Capitulaires, & dans les chartes où il eft fait mention des *Echevins* qui étoient de vrais Magiftrats populaires, & les affeffeurs néceffaires des Comtes & de leurs Lieutenans; fur quoi l'on peut voir Ducange & fes continuateurs, fur le mot *Scabinei.*

L'anarchie qui fuccéda au règne brillant de Charlemagne, fit difparoître les lois perfonnelles des Barbares, & y fubftitua des coutumes locales. M. de Montefquieu reconnoît pourtant, que le droit romain fe conferva mieux dans les contrées de la Gaule autrefois foumifes aux Goths & aux Bourguignons; & il attribue cet avantage au voifinage de l'Italie, où il y avoit des Villes floriffantes, & prefque le feul commerce qui fe fît pour lors: mais il penfe que le droit romain y fubit enfin à peu près le fort des autres lois perfonnelles; qu'il ne refta prefque à ces provinces que le nom de pays du droit romain; que cet amour que les peuples ont pour leur loi, fur-tout quand ils la regardent comme un privilège, & quelques difpofitions du droit romain retenues pour lors dans la mémoire des hommes: fans cela, dit-il, nous aurions encore le Code Théodofien dans les provinces où la loi romaine étoit loi territoriale, au lieu que nous y avons les lois de Juftinien.

Il eſt certain que la révolution qui anéantit les lois barbares, porta une atteinte conſidérable au droit romain ; mais ce droit ne ceſſa jamais d'être la loi dominante & territoriale du pays où elle régnoit depuis ſi long-temps ; & s'il y avoit dans chaque lieu, comme le remarque encore M. de Monteſquieu, une loi dominante & des uſages reçus qui lui ſervoient de ſupplément, lorſqu'ils ne la choquoient pas ; cette loi dominante n'étoit, & ne pouvoit être que le droit romain, dans les provinces où il avoit toujours été la loi territoriale.

Il paroît au ſurplus que les lois de Juſtinien s'étoient introduites dans les pays gouvernés par le Code Théodoſien, dans les temps mêmes où ce Code y étoit encore obſervé. Les lois de Juſtinien, compilées pour l'Empire d'Orient, n'avoient pas été d'abord promulguées dans l'Empire d'Occident, où Juſtinien n'avoit aucune autorité, & qui avoit fini ſous le règne d'Auguſtule. Mais après la défaite de Totila, Rome & le reſte de l'Italie étant tombées ſous la domination de cet Empereur, il ſe hâta d'y faire publier ſes lois, ainſi qu'on le voit dans une de ſes conſtitutions, datée de l'an 563. De-là elles paſsèrent facilement dans les provinces méridionales des Gaules ; & ce qui prouve qu'elles y étoient connues dans le ſeptième ſiècle, c'eſt le jugement rendu en 636, contre les enfans de Sadregeſile, Duc d'Aquitaine, qui furent dépouillés de l'héritage de leur père, pour avoir négligé de pourſuivre ſes meutriers, *conformément à la diſpoſition des lois romaines*, ainsi que le rapporte Aimoin, liv. 4, chap. 28; ce qui ne peut s'entendre que des lois de Justinien, puisqu'il n'y a dans le Code Théodosien aucune loi qui inflige cette peine aux enfans qui ont négligé la vengeance du meurtre de leur père. Si l'on veut d'autres preuves que les lois de Justinien étoient connues & observées pendant la seconde race de nos Rois, & au commencement de la troisième, dans plusieurs provinces qui avoient formé l'Empire d'Occident, on les trouvera dans l'ouvrage de Donat-Antoine Dasti, intitulé : *Dell' uso e autorità della Ragion civile nelle provincie dell' Imperio occidentale, dal di che furono inondate da barbari sinò a Lotario II.* Il n'est pas étonnant que cette dernière compilation ait prévalu dans la suite sur celle de Théodose, parce qu'elle présentoit aux peuples déja soumis à la loi romaine, un plan de législation plus vaste & mieux ordonné que le Code Théodosien, dont il ne leur restoit même quel'abrégé composé par ordre d'Alaric.

L'usage du droit romain subsista donc dans le midi de la France, & il conserva du moins aux Villes une ombre de municipalité, tandis que les campagnes plongées dans l'ignorance, & opprimées par une foule de tyrans territoriaux, étoient livrées à la déprédation la plus effrénée.

Un monument du dixième siècle semble indiquer une municipalité dans la ville de Nismes. On voit au commencement du onzième, les habitans de Montpellier traiter librement avec l'Evêque de

Maguelonne, au fujet de quelques droits feigneuriaux; on trouve que dans le même fiècle il fut formé à Narbonne une affemblée compofée d'Evêques, de nobles & de bourgeois; & il eft certain que dans cette époque les bourgeois formoient déja dans nos pays un ordre particulier, diftinct de celui des Eccléfiaftiques & de celui des nobles, & qu'ils affiftoient comme ceux-ci aux grands plaids, que l'hiftorien de Languedoc croit pouvoir comparer aux affemblées provinciales qu'on tenoit dans la Gaule Narbonnoife du temps des Romains.

Les communes, dont l'origine remonte au commencement du douzième fiècle, naquirent de ces reftes précieux de l'ancienne municipalité. Les expéditions de la Terre fainte ayant délivré les Villes, pour quelque temps, de la préfence de leurs Seigneurs, les germes de liberté qu'elles avoient heureufement confervés, fe développèrent fans obftacle; elles formèrent des affociations qui prirent le nom de *conjurations*, à caufe du ferment qui en étoit la bafe & le lien; & bientôt les Villes, rentrées dans leurs premiers droits, fe virent en état de les foutenir. L'autorité des Seigneurs, balancée par cette nouvelle force, fut forcée de céder à ces confédérations qui formèrent de toutes parts de nouvelles corporations. Cette effervefcence s'augmenta par les conceffions des chartes de commune que Louis le Gros fit aux Villes fituées dans fes domaines, dans la vue d'affoiblir la puiffance exceffive des grands vaffaux qui avoient fouvent donné la loi au Monarque même.

Les Seigneurs, dans l'impuiſſance de réſiſter à la révolution qui ſe fit en même temps dans tous les eſprits, épuiſés d'ailleurs par les dépenſes qu'ils avoient faites dans les Croiſades, ne pensèrent qu'à ſe procurer de l'argent par la vente des chartes d'affranchiſſement & de commune; & les campagnes, qui avoient gémi ſi long-temps ſous le joug de la ſervitude, ſe couvrirent de Communautés indépendantes qui eurent des chefs, un tréſor, & des milices capables de défendre leur liberté, & de ſervir l'autorité royale contre les entrepriſes des grands Barons.

Cette révolution conſacra la diſtinction qui exiſtoit déja dans le Languedoc, entre le clergé, la nobleſſe, & la bourgeoiſie. Le tiers-état formoit déja dans cette province, au milieu du treizième ſiècle, un ordre particulier qui aſſiſtoit par ſes repréſentans aux aſſemblées générales de la province, convoquées pour des intérêts communs. On en trouve la preuve dans une Ordonnance de ſaint Louis, du mois de juillet 1254, & dans trois procès-verbaux de ces ſortes d'aſſemblées tenues en 1269, 1271 & 1274, qui ſeront rapportés ſous ce titre.

Il réſulte de ces actes, que les aſſemblées des trois-états de Languedoc ſont plus anciennes que les trois-états du Royaume; car on ſait que le tiers-état n'a été appelé aux aſſemblées des Etats de la nation qu'au commencement du quatorzième ſiècle.

Il paroît donc établi que l'origine des Etats de Languedoc ſe rapporte au régime municipal que les

les Romains établirent dans les pays qui forment aujourd'hui cette province, & qui n'y fut jamais entièrement anéanti, même dans les temps les plus malheureux, parce qu'il étoit fondé ſur des lois dont ces pays ont toujours conſervé l'uſage, & que ſaint Louis y retrouva lorſqu'il les réunit à la couronne, ainſi qu'on le voit dans ſon Ordonnance de 1254, dont il a déja été parlé.

Ces Etats ſont qualifiés d'*Etats-généraux*, ſoit parce qu'ils ſont formés des trois états réunis des trois ſénéchauſſées de Toulouſe, Carcaſſonne & Beaucaire, qui étoient ſouvent convoquées ſéparément dans les 14e & 15e ſiècles, & qui s'aſſemblent encore à part pendant la ſéance des Etats-généraux, pour délibérer ſur leurs affaires particulières, ſoit parce que leur autorité s'étend ſur différens pays de Languedoc qui ont leurs états particuliers, tels que le Vivarais, le Velay, le Gévaudan & l'Albigeois.

FIN.

APPROBATION DU CENSEUR.

J'AI lu, par ordre de Monſeigneur le Garde des Sceaux, un Manuſcrit ayant pour titre : *Lois municipales & économiques de Languedoc.*

Ce recueil, tout-à-fait intéreſſant par l'étendue de ſon objet & par l'ordre des matières, m'a paru fait avec ſoin. L'Auteur y a inſéré, ſur chacun des objets qu'il traite, des diſſertations qui annoncent un grand fonds de connoiſſances & de lumières. Cet Ouvrage me paroît en conſéquence devoir être de la plus grande utilité, non-ſeulement pour la province de Languedoc & ſes Diocèſes, mais auſſi pour les Villes & lieux qui en dépendent : ces villes & lieux y trouveront une collection des Réglemens relatifs à leur adminiſtration journalière, ainſi qu'à l'aſſiette, la répartition & la perception des impôts; objets ſur leſquels les communautés ne peuvent être trop éclairées.

A Paris, ce 16 juin 1779. *Signé* CADET DE SAINEVILLE.

DE L'IMPRIMERIE DE MONSIEUR.

www.ingramcontent.com/pod-product-compliance
Ingram Content Group UK Ltd.
Pitfield, Milton Keynes, MK11 3LW, UK
UKHW020454180726
13839UKWH00004B/1806

9 782329 468273